# BEI GRIN MACHT SICH IHR WISSEN BEZAHLT

- Wir veröffentlichen Ihre Hausarbeit, Bachelor- und Masterarbeit

- Ihr eigenes eBook und Buch - weltweit in allen wichtigen Shops

- Verdienen Sie an jedem Verkauf

Jetzt bei www.GRIN.com hochladen und kostenlos publizieren

**Bibliografische Information der Deutschen Nationalbibliothek:**

Die Deutsche Bibliothek verzeichnet diese Publikation in der Deutschen Nationalbibliografie; detaillierte bibliografische Daten sind im Internet über http://dnb.d-nb.de/ abrufbar.

Dieses Werk sowie alle darin enthaltenen einzelnen Beiträge und Abbildungen sind urheberrechtlich geschützt. Jede Verwertung, die nicht ausdrücklich vom Urheberrechtsschutz zugelassen ist, bedarf der vorherigen Zustimmung des Verlages. Das gilt insbesondere für Vervielfältigungen, Bearbeitungen, Übersetzungen, Mikroverfilmungen, Auswertungen durch Datenbanken und für die Einspeicherung und Verarbeitung in elektronische Systeme. Alle Rechte, auch die des auszugsweisen Nachdrucks, der fotomechanischen Wiedergabe (einschließlich Mikrokopie) sowie der Auswertung durch Datenbanken oder ähnliche Einrichtungen, vorbehalten.

**Impressum:**

Copyright © 2017 GRIN Verlag
Druck und Bindung: Books on Demand GmbH, Norderstedt Germany
ISBN: 9783668814684

**Dieses Buch bei GRIN:**

https://www.grin.com/document/437056

**Anonym**

**Epikur und die Grundzüge seiner Philosophie**

GRIN Verlag

**GRIN - Your knowledge has value**

Der GRIN Verlag publiziert seit 1998 wissenschaftliche Arbeiten von Studenten, Hochschullehrern und anderen Akademikern als eBook und gedrucktes Buch. Die Verlagswebsite www.grin.com ist die ideale Plattform zur Veröffentlichung von Hausarbeiten, Abschlussarbeiten, wissenschaftlichen Aufsätzen, Dissertationen und Fachbüchern.

**Besuchen Sie uns im Internet:**

http://www.grin.com/

http://www.facebook.com/grincom

http://www.twitter.com/grin_com

Heinrich-Heine-Universität Düsseldorf

Wintersemester 2016/2017

**Epikur und die Grundzüge seiner Philosophie**

# Inhaltsverzeichnis

1. Einleitung ................................................................................................................. 3
    1.1. Epikur und seine Schule ................................................................................. 3
    1.2. Überlieferung .................................................................................................. 4
2. Das Werk Epikurs .................................................................................................... 5
    2.1. Kanonik ............................................................................................................ 5
    2.2. Physik ............................................................................................................... 6
    2.3. Ethik: Lust und Schmerz ................................................................................. 8
    2.4. Theologie: Götter/Himmelserscheinungen ................................................ 10
3. Fazit ........................................................................................................................ 11

# 1. Einleitung

In der Zeit des Hellenismus entstanden mit Stoa und Epikureismus zwei der einflussreichsten antiken, philosophischen Schulen. Vor allem die Ansichten Epikurs entfachten dabei durch ihre hedonistische Grundtendenz und durch die missverständliche Deutung des von ihm genutzten Lustbegriffs eine polarisierende Wirkung, die bereits in der Antike zur Kritik an dieser Lehre geführt hat.[1]

Doch was sagt die Lehre Epikurs eigentlich aus? Was sind ihre Grundüberzeugungen? In dieser Hausarbeit soll diesen Fragen nachgegangen und versucht werden, eine Übersicht über die wichtigsten Elemente der epikureischen Lehre zu liefern. Nachdem im Rahmen dieser Einleitung die Person und die Schule Epikurs näher beleuchtet und ein Überblick über seine Werke gegeben werden, befasst sich die Arbeit im zweiten Kapiteln mit den Grundbausteinen seiner Philosophie. Dazu gehört ein Einblick in seine Kanonik, seine Physik (vor allem die Atomlehre und die darauf fußende Seelenlehre) und seine Ethik, die den Lust- und Schmerzbegriff beinhaltet. Außerdem soll abschließend ein kurzer Blick auf seine theologischen Vorstellungen geworfen werden. Im Kapitel 3 soll ein kurzes Fazit die zentralen Aussagen dieser Arbeit noch einmal zusammenfassen.

Für die Arbeit wurde insbesondere auf die Monographien „Epikur"[2] und „Stoa, Epikureismus und Skepsis" von Malte Hossenfelder zurückgegriffen. Darüber hinaus besitzen die Monographien Friedo Rickens „Philosophie der Antike. Grundkurs Philosophie 6"[3] und J.M. Rists „Epicurus. An Introduction."[4] wesentliche Bedeutung für die Arbeit.

Als Quellen wurden Laertius Diogenes[5] und Epikurs Brief an Menoikeus[6] herangezogen.

## 1.1. Epikur und seine Schule

Epikur wurde 341 v. Chr. als Athener Bürger auf Samos geboren, wo er auch aufwuchs und eine erste philosophische Ausbildung unter dem Platoniker Pamphiles abschloss. Ab 319 v. Chr. trat er erstmals als Philosophielehrer auf, zunächst in Mytilene auf Lesbos, später dann auf Lampsacus am Hellespont. Vor allem an letzterem Ort konnte er erstmals mit Erfolg eine größere Anzahl Anhänger gewinnen. Im Sommer 306 zog er schließlich nach Athen, wo er ein Haus mit dazugehörigem Garten

---

[1] Wischedel, Wilhelm: Die Philosophische Hintertreppe, München, 1966. S. 60.
[2] Hossenfelder, Malte: Epikur, München, 1985.
[3] Ricken, Friedo: Philosophie der Antike. Grundkurs Philosophie, Stuttgart, 1988.
[4] Rist, J.M.: Epicurus. An Introduction, Cambridge, 1972.
[5] Apelt, Otto/ Reich, Klaus/ Zekl, Hans Günter (Hrsg.): Laertius Diogenes. Leben und Meinungen berühmter Philosophen. Buch X. Hamburg, 1967. 2. Auflage.
[6] Epikur: Brief an Menoikeus. In Ders.: Von der Überwindung der Furcht. Katechismus, Lehrbriefe, Spruchsammlung, Fragmente. Übersetzt und mit einer Einführung und Erläuterungen von Olof Gigon. München, 1991.

kaufte, nach dem schließlich seine Schule bisweilen auch benannt wurde. Epikur leitete den Garten bis zu seinem Tod im Jahr 271.[7]

Die Schule Epikurs war hierarchisch und straff organisiert und bildete eine enge Gemeinschaft nach festen Regeln mit einer Art Ideologie der Freundschaft, die als Mitglieder auch Frauen und Sklaven einschloss. Epikur selbst stilisierte sich in dieser Gemeinschaft als absolut selbstständiger Denker, der seine Philosophie aus sich selbst erfunden hatte. Als streng autoritärer Anführer genoss er eine beinahe göttliche Verehrung. Diesen Strukturelementen seiner Schule verdankt der Epikureismus seine relative Geschlossenheit, sodass seine Lehre, trotz einiger Streitfragen seiner Nachfolger, einen im Wesentlichen unveränderten Bestand hatte. So lassen sich etwa im Gegensatz zur Stoa beim Epikureismus keine Epochen unterschiedlichen geistigen Einflusses unterscheiden.[8] In seiner Verbreitung erstreckte sich der Einfluss des Epikureismus von Griechenland später auch auf Rom, wo er zahlreiche Anhänger, von Lukrez bis Vergil und Horaz in der Kaiserzeit besaß.[9]

### 1.2. Überlieferung

Das Werk Epikurs umfasste angeblich etwa 300 Werke, von denen bis heute jedoch nur drei Lehrbriefe erhalten sind, die einen kurzgefassten Überblick über seine Philosophie geben. Dazu gehört der Brief an Menoeceus, der die Ethik behandelt, der Brief an Herodot, der sich der Physik widmet und der in seiner Echtheit umstrittene Brief an Phythocles, der meteorologische und astronomische Fragen behandelt.[10]

Das Hauptwerk Epikurs trug den Titel „Über die Natur" und umfasste wahrscheinlich 37 Bücher. Es enthielt nicht nur die Naturphilosophie, sondern auch die Erkenntnistheorie, vermutlich sogar auch die Ethik, so dass in diesem Werk die gesamte Lehre Epikurs erschöpfend behandelt wurde.[11] Die daneben existierenden weiteren Titel befassten sich mit Einzelfragen zu spezifischen Themenfeldern der epikureischen Philosophie und sind bis auf die oben genannten Briefe alle verloren gegangen.[12]

---

[7] Hossenfelder, Malte: Stoa, Epikureismus und Skepsis. München, 1985. S. 100.
[8] Hossenfelder, Epikureismus, S. 100f.
[9] Ebenda, S. 101f.
[10] Hossenfelder, Epikureismus, S. 100; Hossenfelder, Malte: Epikur. München, 1991. S. 23.
[11] Hossefelder, Epikur, S.21.
[12] Ebenda.

## 2. Das Werk Epikurs

Nach Diogenes Laertios wird die Philosophie Epikurs in Kanonik,[13] Physik und Ethik unterteilt.[14] Dieser Einteilung folgt auch dieses Kapitel dieser Hausarbeit, in dem die einzelnen Bestandteile der Lehre Epikurs nun näher erläutert werden.

### 2.1. Kanonik

Mit der Kanonik bezeichnen Epikureer das, was sonst im Hellenismus „Logik" genannt wurde. Dies basiert darauf, dass Epikur die hierhergehörigen Themen in einem Werk mit dem Titel „Kanon" (Richtschnur/ Norm) gesammelt behandelte.[15] Mit der Kanonik werden also die Werkzeuge, mit denen Epikur die Gegenstände seiner Philosophie wissenschaftlich behandelt, aufgelistet. Dabei ist durchaus eine große Nähe zu den Logiken anderer Philosophen festzustellen, wenngleich Epikur Dialektik bzw. Rhetorik verwirft.[16] Mit der Kanonik Epikurs sollten vor allem zwei Dinge geleistet werden: Zum einen den Sensualismus zu etablieren (als Sensualismus wird die philosophische Grundauffassung verstanden, dass Erfahrungen auf individuelle Sinneseindrücke zurückgehen),[17] zum anderen soll die für eine atomistische Naturerklärung geeignete Methodologie entwickelt werden.[18]

Nach Diogenes Laertios unterteilt Epikur zu diesem Ziel seine Kanonik in drei Kriterien, nach denen man Erkenntnis beurteilt: *Empfindung, Vorstellung* und *Meinung*:

Das Kriterium der *Empfindung* wird durch die Sinne erfahren, die darüber hinaus weder Erinnerungen täuschen noch etwas hinzuerfinden können: Die Sinne nehmen nur das auf, was sie wahrnehmen. Darüber hinaus ergänzen sich die Sinne gegenseitig und beweisen somit, dass nichts anderes als Wahrgenommenes vorhanden ist.[19]

Das Kriterium der *Vorstellung (Prolepsis)* beschreibt die für einen bestimmten Begriff zugrundeliegende Erinnerung/Gedanken/Vorstellung/Assoziation. Die *Prolepsis* entsteht allerdings nicht aus dem Nichts, sondern wird durch die Sinne geprägt, ohne die wir beispielsweise die Gestalt

---

[13] Wörtlich bedeutet *kanon* gerader Stab. Kanon und Kriterium (Urteilsmittel) bezeichnet den Maßstab oder das Mittel, um den Wahrheitswert einer Aussage festzustellen.
[14] Ricken, Friedo: Philosophie der Antike. Grundkurs Philosophie 6. Stuttgart, 1988. S. 178.
[15] Hossenfelder, Epikureismus, S. 124.
[16] Apelt, Otto / Reich, Klaus / Zekl, Hans Günter (Hrsg.): Laertius Diogenes. Leben und Meinungen berühmter Philosophen. Buch I-X. 2. Aufl., Hamburg, 1967. Buch X, Abschnitt 30. Diese Quelle wird nachfolgend zitiert als DL X 1; DL X 2; DL X 3 usw.
[17] Für Epikur speist sich der Sensualismus auf der einen Seite aus dem Materialismus der Naturphilosophie, zum anderen aus ethischen Gründen. Vgl. hierzu: Hossenfelder, Epikur, S. 111.
[18] Hossenfelder, Epikureismus, S. 125.
[19] DL X 32.

eines Rindes nicht zuordnen könnten.[20] Durch die *Prolepsis* entsteht empirisch aus den Sinnen gewonnene Erfahrung, die auch auf vergangene oder zukünftige Ereignisse oder Annahmen bezogen werden können. Hierbei sind es die Sinne, die Annahmen als richtig oder falsch klassifizieren: Wenn die Sinne dafür oder nicht dagegensprechen, so ist eine Annahme richtig, wenn die Sinne dagegen oder nicht dafürsprechen, so ist sie falsch.[21]

Das dritte Kriterium ist die *Meinung*, die sich nach Affekten in Lust und Schmerz unterteilen lassen. Lust und Schmerz haben Einfluss auf unsere Handlungsmuster, je nachdem, von welchem der beiden Affekte wir geleitet werden. Bereitet uns eine Handlung Lust, so streben wir sie an. Bereitet uns eine Handlung Schmerz, so meiden wir sie.[22]

## 2.2. Physik

**a) Atomtheorie**

Im überlieferten Brief an Herodot erklärt Epikur seine Physik. Der Brief beginnt mit der Auflistung dreier ontologischen Prinzipien:[23]

1. Nichts entsteht aus Nichtseiendem: Die Verneinung einer solchen Aussagen würde unseren Erfahrungen widersprechen, die uns zeigt, dass jedes Wesen aus der der ihm entsprechenden Ursache, seinem Samen, entsteht.[24]
2. Nichts vergeht in das Nichtseiende: Auch bei diesem Prinzip beruft sich Epikur auf die Erfahrung. Wenn alles, was in der wahrnehmbaren Welt vergeht, in das Nichts übergehen würde, dann würde letzten Endes nichts mehr existieren und wir könnten den (phänomenalen) Prozess des Vergehens ständig beobachten.[25]
3. Das All war immer so, wie es jetzt ist und wird auch immer so sein. Diese Behauptung ist eine Folgerung aus dem ersten und dem zweiten Prinzip.[26]

Ein zentrales Element seiner Physik ist Epikurs Annahme, dass das All aus Körpern und aus leerem Raum besteht. Auch bei der Existenz der Körper beruft sich Epikur auf die Wahrnehmung,

---

[20] DL X 33.
[21] DL X 34.
[22] Ebenda.
[23] Ontologie (aus den griechischen Wörtern on und logos) ist die Lehre vom Sein bzw. von den grundsätzlichsten, allgemeinsten, elementarsten, fundamentalen und konstitutiven Eigenschaften, Prinzipien, Wesens-, Ordnungs- und Begriffsbestimmungen des Seins.
[24] Ricken, Philosophie der Antike, S. 180.
[25] Ebenda.
[26] Ebenda.

um diese zu bezeugen. Tatsächlich können wir laut Epikur nur die Körper, ihre Eigenschaften oder Veränderungen wahrnehmen. Der leere Raum hingegen muss angenommen werden, da ohne diesen das Phänomen der Bewegung nicht erklärt werden kann. Außer den Körpern und dem leeren Raum kann es ansonsten nichts geben, sondern nur notwendige oder zufällige Eigenschaften von diesen beiden Phänomenen. In letzter Konsequenz versteht sich Epikurs Ontologie also als erkenntnistheoretischer Ansatz.[27]

Das Prinzip der Körper wird in der Physik Epikurs weiter ausformuliert. So sind Körper teils Zusammensetzungen, teils Elemente, aus denen die Zusammensetzungen bestehen. Das Atom bildet die kleinste Einheit und ist unteilbar und unveränderlich. Die Unteilbarkeit ergibt sich aus der Tatsache, dass sie „voll" sind, d.h., dass sie keinerlei leeren Raum enthalten, der für Epikur die voraussetzende Bedingung einer Teilbarkeit darstellt. Die Existenz solcher Elemente schließt Epikur aus seinem dritten ontologischen Prinzip. Hinzu kommt eine postulierte Unendlichkeit des Alls: Wäre das Universum endlich, so hätte es eine Grenze, die es von etwas anderem abtrennt. Das ist aber nicht möglich, da das All alles umfasst und somit nichts von ihm Verschiedenes zulässt. Zudem ist das Universum laut Epikur nicht nur räumlich unendlich, auch die Menge seiner Atome ist unendlich. Dies führt er darauf zurück, dass sich die Atome andernfalls im unendlich Raum zerstreuen würden. Sie würden so auch nicht mit anderen Atomen zusammenstoßen und sich mit ihnen verbinden.[28] Für Epikur erklärt sich unterschiedliche Gestaltung der wahrnehmbaren Welt aus der Verbindungsfähigkeit der Atome. Zwar sei die Menge der unterschiedlichen Gestaltung von Atomverbindungen nicht unendlich, für den Menschen aber unfassbar. Epikur räumte aufgrund der Unendlichkeit des Universums und der Verbindungsfähigkeit der unendlichen Anzahl von Atomen der Annahme, dass es unendlich viele Welten geben könnte, die Möglichkeit des Bestehens ein.[29]

Zusammenfassend lässt sich über Epikurs Vorstellung über das Atom sagen, dass dieses physische Unteilbarkeit besitzt, eine unendliche Anzahl erreicht, genau wie die Leere ewig ist, sich aufgrund des Gewichtes in einem Zusammenprall mit anderen Atomen verbindet, in einer konstanten Geschwindigkeit immer in größter Schnelligkeit in Bewegung ist.[30]

Die Atomlehre Epikurs lässt sich als Weiterentwicklung der Atomlehren des Leucippus und des Demokrit verstehen.[31] Diese Weiterentwicklung fokussiert sich vor allem auf zwei Punkte: Während bei Demokrit das Verhältnis zwischen physikalischer und mathematischer Unteilbarkeit ungeklärt bleibt, lehnt Epikur den mathematischen Begriff des potentiell unendlich Teilbaren für das

---

[27] Ebenda.
[28] Ricken, Philosophie der Antike, S. 180f.
[29] Ebenda, S. 181.
[30] Hossenfelder, Epikureismus, S. 136-139.
[31] Rist, J. M.: Epicurus. An Introduction. Cambridge, 1972. S. 41; Ricken, Philosophie der Antike, S. 181.

tatsächlich physikalisch vorhandene Atom ab. Für ihn ist das Atom physikalisch unteilbar, mathematisch aber teilbar. Als zweiter Punkt der Weiterentwicklung steht die bei Epikur ausgearbeitete Theorie der Atombewegung. Für ihn hat der unendlich leere Raum kein absolutes oben oder unten. Wir können Richtungen nur relativ zu unserem Körper bestimmen. Das Gewicht der Atome schließlich führt dazu, dass sie in eine bestimmte Richtung fallen, und dass trotz eventuellen Gewichtsungleichheiten alle mit dergleichen Geschwindigkeit. Atome verbinden sich, wenn sie aufeinander krachen.[32]

Die Physik Epikurs gliedert sich als wichtiger Bestandteil in sein Gesamtkonzept ein. Für Epikur war das Studium der Natur ein wichtiges Element zum Erreichen der *Eudaimonia*, da nur das Wissen über die Struktur des der Welt dem Menschen auch das Wissen um die Struktur der Glückseligkeit herausfinden lässt.[33]

**b) Die Seele auf Basis der epikureischen Atomtheorie**

Epikur wendet seine Atomtheorie auch auf die Beschaffenheit der Seele an. So sei die Seele ein Konstrukt aus besonders feinen, kleinen, glatten und runden Atomen, so dass sie äußerst sensibel auf äußere Einflüsse reagieren kann. Hier verbindet sich bei Epikur Atomtheorie und Sensualismus, ist die Seele (in Verbindung mit dem Körper) hauptsächlich für Empfindung und Wahrnehmung zuständig.[34]

### 2.3. Ethik: Lust und Schmerz

In seinen Grundannahmen geht Epikur von denselben Voraussetzungen aus wie die Stoiker, auch ihm geht es darum, alles Unverfügbare zu entwerten. Im Unterschied zu den Stoikern aber betrachtet Epikur das Wesen des Menschen realistischer: Er glaubt nicht daran, dass sich durch das Primat der Vernunft falsche Wertungen beseitigen lassen, sondern sieht menschliche Bewertungen sich immer durch die Gefühle von Lust und Unlust leiten lassen. Sein gesamtes philosophisches System ist darauf ausgerichtet, mit unfreiwilligen Wertungen zurecht zu kommen.[35] Das ultimative Ziel dieser Bemühungen, dass Stoiker und Epikureer eint, das Erreichen der Glückseligkeit im Zustande der Ataraxie, ist laut Epikur ein Zustand der Unlustfreiheit, auf die es nach ihm in letzter Instanz also alleine ankommt.[36]

---

[32] Ricken, Philosophie der Antike, S. 181f.
[33] Rist, Epikurus, S. 41.
[34] Her.63-66.
[35] Hossenfelder, Epikureismus, S. 102.
[36] Ebenda, S. 103; Rist, Epicurus, S. 109.

Aus diesem Grunde ist das Bild der epikureischen Lehre, welche seit der Antike mit einem ungehemmten Hedonismus gleichgesetzt wird, der nur dann die Gelegenheit zur Lustauslebung um einer größeren willen ausschlägt, ein falsches Bild. Zweifellos war Epikur Hedonist, der Hedonismus seiner Lehre aber nicht sein ursprüngliches Anliegen, sondern vielmehr eine Notlösung.[37] So fehlen bei Epikur nicht nur Techniken zur Lustmaximierung, wie man sie bei hedonistischen Lehren erwarten würde, vielmehr verfolgt er die These, dass über die Beseitigung der Lust bzw. Unlust keine Steigerung der Lust möglich sei und darum alle Bedürfnisse, die darüber hinausgingen, sinnlos seien.[38] Im direkten Vergleich seiner konkreten Lebensregeln mit den lustfeindlichen Stoikern unterscheiden sich Epikurs Regeln kaum, nur in ihren Begründungen.[39] Das Epikur in Abgrenzung zu den Stoikern die Lust zum Telos macht, zeigt seine vorsichtigere Einschätzung des Menschen, die auch einen individualistischen Grundansatz einschließt, in dem das Glück in der Erreichung aller Zwecke besteht, die das Individuum selber will.[40]

Epikur selber definiert den Begriff der Lust und unterscheidet dabei zwei unterschiedliche Arten: die *kinetische* und die *katastemische* Lust. Als kinetische Lust wird der Prozess verstanden, in dem die katastemische Lust wiederhergestellt wird. Die katastemische Lust ist gleichzusetzen mit dem Zustand der ungestörten, schmerzbefreiten Seelenruhe.[41]

Eng mit dem Begriff der Lust sind in der epikureischen Lehre die Begierden verbunden, die bei Epikur in drei Kategorien unterteilt sind: „… *die einen (sind) natürlich, die anderen leer und von den natürlichen die einen notwendig, die anderen nur natürlich; von den notwendigen wiederum sind die einen zur Glückseligkeit notwendig, die andere zur Störungsfreiheit des Körpers, die dritten zum bloßen Leben.*"[42]

Die Unterteilung der Begierden ermöglicht es, die Art von Begierden auszuschalten, die zu unerfüllbaren Bedürfnissen führen, womit also nur noch die notwendigen Begierden erfüllt werden müssen, um das Ziel der Glückseligkeit zu erreichen. Die von Epikur als „leer" bezeichneten Begierden können durch den Verstand beseitigt werden, die natürlichen zwar nicht, doch vergehen diese rasch, wohingegen die notwendigen unproblematisch sind, da sie sich jederzeit erfüllen lassen.[43]

Mit den Begierden führt Epikur auch das Konzept der Furcht (also der Erwartung künftiger Unlust) ein, welche einer möglichen Bedürfnisbefriedigung im Weg stehen. Vornehmlich zwei

---

[37] Ebenda.
[38] Ebenda, S. 104.
[39] Ebenda.
[40] Hossenfelder, Epikureismus, S. 104.
[41] Ricken, Philosophie der Antike, S. 224.
[42] Men. 127.
[43] Hossenfelder, Epikureismus, S. 114.

Ängste werden hier von Epikur identifiziert: Todesfurcht und Furcht vor den Göttern. Diese Ängste sind laut Epikur aber Trugbilder. Die Angst vor dem Tod sei unbegründet, weil der Tod kein Übel sei, wie der Mensch glaubt. Da der Tod das Ende unseres Lebens bedeutet, erwarte den Menschen weder Schmerz im Tod, noch ein schmerzhaftes Leben nach dem Tod, auch die Empfindungslosigkeit sei keine Quelle der Furcht. Auch beschneide der Tod nicht die Glücksmöglichkeit, weil Lust nicht durch längere Dauer gesteigert werden kann.[44]

Auch die Angst vor den Göttern ist laut Epikur ein Trugbild. Diese entspringt laut Epikur aus Aberglauben. Zwar lässt Epikur die Existenz von Göttern zu, doch kommt er zur Einsicht, dass diese sich nicht um die Welt kümmern würden.[45]

## 2.4. Theologie: Götter/Himmelserscheinungen

Wie bereits im vorherigen Kapitel gesagt, nimmt Epikur die Existenz von Göttern ausdrücklich an. Allerdings glaubt Epikur, dass die Götter sich nicht um die Weltgeschicke kümmern, da sie ihrem Wesen nach sich nicht mit der Ausübung einer Weltregierung befassen können. Die liegt daran, dass die Götter aufgrund ihres unsterblichen und stetig glücksbeseelten Wesens gar nicht die mühevolle Arbeit einer Weltregierung ausführen können, denn die Ausübung der Weltregierung erfordert auch einen Umgang mit Geschäften, Sorgen, Zornesausbrüchen, die auf Schwäche, Furcht und Abhängigkeiten beruhen und unvereinbar mit der göttlichen Natur sind. Auch Naturerscheinungen wie Erdbeben, Sturmfluten oder Gewitter werden von Epikur nicht auf göttlichen Einfluss zurückgeführt, sondern auf natürliche Phänomene, die sich mit den Naturwissenschaften erklären lassen.[46]

Das Epikur die Götter dennoch bestehen lässt und nicht komplett verneint, scheint didaktische Gründe zu haben. Die Konzeption der Götter bei Epikur kann als Idealverwirklichung des Eudämoniegedankens seiner Philosophie verstanden werden: Sie leben auf ewig im stetem Glück, haben keinen Sorgen und bereiten anderem auch keine. Sie dienen somit als Vorbild für alle Menschen, die nach Eudämonie suchen.[47]

---

[44] Hossenfelder, Epikureismus, S. 115.
[45] Ebenda, S. 115. Zur Theologie Epikurs siehe Kapitel 2.4 in dieser Arbeit.
[46] Hossenfelder, Epikureismus, S. 115f.
[47] Lemke, Dietrich: Die Theologie Epikurs. Versuch einer Rekonstruktion. München, 1973.S. 101.

## 3. Fazit

Die Lehre Epikurs war neben der Stoa eine der wichtigsten philosophischen Richtungen der Antike. Der Epikureismus basierte zum größten Teil auf den philosophischen Äußerungen Epikurs, der aufgrund seiner unangefochtenen Vorrangstellung das Lehrgebäude des Epikureismus weitgehend unverändert bestimmen konnte. Aus seinem etwa 300 Lehrbriefe umfassendem Werk sind heutzutage lediglich 3 Lehrbriefe erhalten, die allerdings eine Unterteilung seiner Lehre in drei Grundbereiche vornehmen lassen: Diese Bereiche werden als Kanonik, Physik und Ethik bezeichnet.

In seiner Kanonik behandelt Epikur die Werkzeuge seiner Philosophie. Sie ist daher mit den Logiken anderer Philosophien zu vergleichen. Die Kanonik Epikurs ist sensualistisch und versucht eine geeignete Methodologie für seine Atomlehre aufzustellen. Das Ziel ist es, Erkenntnis zu beurteilen. Epikur setzt hier drei Kriterien, die Erkenntnisbeurteilung möglich machen sollen: Das Kriterium der Empfindung, das der Vorstellung und das der Meinung.

In seiner Physik nimmt das epikureische Atommodell einen besonderen Stellenwert ein. Das Atommodell Epikurs lässt sich als Weiterentwicklung der Atomlehren des Leucippus und des Demokrit verstehen und begreift die Welt als unendlicher Raum, der sich in seinen kleinsten Teilchen aus Atomen zusammensetzt, die alle bekannten und unbekannten Stoffe formt, physisch als auch psychisch (etwa die Seele). Atome bei Epikur sind unteilbar, unendlich in ihrer Anzahl, ewig, lassen sich miteinander verbinden und sind immer in Bewegung. Für den atomfreien Raum nimmt Epikur die Anwesenheit von Leere an.

Der vielleicht am meisten an der epikureischen Lehre missverstandene Part war wohl Epikurs Lehre von Lust und Schmerz. Obgleich von denselben Vorrausetzungen (der Entwertung des Unverfügbaren) und demselben Ziel (der Glückseligkeit im Zustand der Ataraxie) wie die Stoiker ausgehend, betrachtete Epikur den Menschen mit realistischem Blick und machte die Lust zum Telos – was schon Epikurs Zeitgenossen als puren Hedonismus falsch verstanden und was seiner Lehre bis heute negativ anhaftet. Dabei war Hedonismus zwar Teil der epikureischen Lehre, aber nicht sein Ziel – so fehlen bei Epikur etwa Techniken zur Lustmaximierung, die man in seiner Lehre vermuten könnte, würde man dieser negativen Interpretation seiner Lehre folgen. Tatsächlich unterscheidet sich Epikur in seiner praktischen Anwendung kaum von den Lebensregeln der Stoiker, sieht man von der Begründung der Regeln einmal ab.

Neben der Ausformung eines ausdefinierten Lustbegriffs (kinetische und katastemische Lust) nutzt Epikur die Konzepte von Begierde und Furcht. Während Epikur den Begriff der Begierde in die drei Kategorien (leere, natürliche und notwendige), die eng mit der Befriedigung von Bedürfnissen verbunden sind. Furcht, von Epikur in Todesfurcht und Furcht vor den Göttern unterteilt, die Epikur beide als unbegründete Ängste ansieht, stehen seiner Lehre nach der Möglichkeit der Glücksmaximierung entgegen.

Die Existenz von Göttern nimmt Epikur zwar an, jedoch schätzt er ihre Macht als bedeutungslos ein, da sie von ihrem Wesen her keine Macht im Sinne einer Weltregierung ausüben würden. Die Existenz der Götter bei Epikur scheint vor allem didaktische Gründe zu haben: Sie stellen bei ihm die Idealverwirklichung des Eudämoniegedankens da und werden von ihm somit als Vorbild in Szene gesetzt.

Natürlich konnten in dieser Hausarbeit die wichtigsten Grundzüge der epikureischen Lehre nur kurz angerissen werden und stellt somit nur einen Überblick über einige seiner Grundkonzepte dar.

# Anhang:

# Literaturverzeichnis

**Monographien:**

- Hossenfelder, Malte: Epikur. München, 1991.
- Hossenfelder, Malte: Stoa, Epikureismus und Skepsis. München, 1985.
- Lemke, Dietrich: Die Theologie Epikurs. Versuch einer Rekonstruktion. München, 1973.
- Ricken, Friedo: Philosophie der Antike. Grundkurs Philosophie 6. Stuttgart, 1988.
- Rist, J. M.: Epicurus. An Introduction. Cambridge, 1972.
- Weischedel, Wilhelm: Die Philosophische Hintertreppe. München, 1966.

**Quellen:**

- Apelt, Otto/ Reich, Klaus/ Zekl, Hans Günter (Hrsg.): Laertius Diogenes. Leben und Meinungen berühmter Philosophen. Buch X. Hamburg, 1967[2].
- Epikur: Brief an Menoikeus. In Ders.: Von der Überwindung der Furcht. Katechismus, Lehrbriefe, Spruchsammlung, Fragmente. Übersetzt und mit einer Einführung und Erläuterungen versehen von Olof Gigon. München, 1991.

# BEI GRIN MACHT SICH IHR WISSEN BEZAHLT

- Wir veröffentlichen Ihre Hausarbeit, Bachelor- und Masterarbeit

- Ihr eigenes eBook und Buch - weltweit in allen wichtigen Shops

- Verdienen Sie an jedem Verkauf

Jetzt bei www.GRIN.com hochladen und kostenlos publizieren